PROCÈS - VERBAL

DE

LA SÉANCE D'OUVERTURE DES COURS

DE L'ÉCOLE SPÉCIALE DE DROIT

DE COBLENZ.

PROCÈS-VERBAL

DE LA

SÉANCE D'OUVERTURE DES COURS

DE L'ÉCOLE DE DROIT

DE COBLENZ,

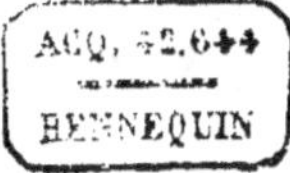

LE 1er NOVEMBRE DE L'AN 1806.

A COBLENZ,

DE L'IMPRIMERIE DE L'ÉCOLE SPÉCIALE DE DROIT, RUE DU RHIN N.º 402.

1 8 0 6.

PROCÈS-VERBAL

DE LA SÉANCE D'OUVERTURE DES COURS

de l'école spéciale de droit de Coblenz.

Aujourd'hui 1.ʳ Novembre 1806, II.ᵉ année de l'Empire français et du règne de NAPOLÉON, heure de midi,

M. Lezay-Marnésia, Préfet du département de Rhin et Moselle, Commandant de la Légion d'honneur, en vertu de l'invitation à lui

Les membres du Conseil de discipline et d'enseignement de l'école sont MM. Gattermann, procureur-général impérial près la Cour criminelle du Département de Rhin et Moselle, membre de la Légion d'honneur, élu Doyen d'honneur le 1er Juin 1806, Reichensperger, Conseiller de Prefecture, Michelet, Président du tribunal de première instance à Coblenz, Lassaulx, (père) membre de la Cour de justice criminelle du Département de Rhin et Moselle, de Bouvier, Président du tribunal de 1ère instance à Bonn, Houard, Président du tribunal de 1ère instance à Simmern, Nell, procureur impérial près le tribunal de 1ère instance à Coblenz, Heymann, Président du tribunal de commerce à Cologne, Gerold, Legislateur, Bodmann, Vice-Président du tribunal de 1ère instance à Mayence, Bourret, juge de paix à Coblenz, et Korbach, (père) avocat à Coblenz.

adressée par M.r le conseiller d'état à vie, Directeur-général de l'instruction publique en date du 10 Septembre 1806 et accompagné de MM. les juges composant la cour criminelle, de M. le Général de brigade commandant le Département, de M. l'Evêque MM. le Commissaire épiscopal et les membres du Conseil ecclésiastique, de MM. les conseillers de Préfecture, de MM. les juges du tribunal de 1ère instance, de MM. les membres du corps municipal, des chefs des differentes administrations civiles et militaires, des professeurs de l'école secondaire et des jurisconsultes, avocats, avoués et notaires, s'est rendu dans la grande salle de l'école secondaire où se trouvoient réunis MM. les membres du Conseil de discipline et d'enseignement et MM. les Directeur, professeurs, suppléans et secrétaire-général de l'école de droit établie à Coblenz, et un grand concours de citoyens de toutes les classes.

M. le Préfet ayant pris place comme président de la séance, MM. du Conseil de discipline se sont assis à sa droite et MM. les professeurs et suppléans à sa gauche, les autres autorités et fonctionnaires se sont placés dans la salle dans l'ordre des préséances.

M. le Préfet a pris la parole et a prononcé un discours sur les avantages de la restauration de l'étude du droit et sur les facilités que les nouvelles écoles offrent à la jeunesse studieuse qui desire parcourir avec distinction les honorables carrières de la Magistrature et du barreau.

Le secrétaire-général a donné ensuite lecture du Programme des cours qui se donneront à l'école dans l'année scholaire 1806–1807.

M. Le Plat, Directeur de l'école à prononcé dans sa qualité de professeur du droit romain un discours latin, dans lequel il a tracé le tableau de l'état de la jurisprudence dans le moyen âge, de ses progrès dans les 16e. et 17e. siècles et de sa décadence amenée par les troubles de la revolution, pour mettre dans son plus grand jour le bienfait du rétablissement des écoles de droit que nous devons au gouvernement paternel et regénérateur qui préside aux destinées de la France.

M. Breuning, professeur de la 1ère. chaire du code civil a établi dans un discours français la comparaison entre les universités étrangères et les écoles de droit et prouvé la superiorité du plan d'enseignement suivi dans ces dernières. Les nouvelles et éclatantes victoires que S. M. l'Empereur et Roi vient de remporter sur les armées prussiennes, ayant prété à l'orateur l'occassion d'exprimer devant l'assemblée les sentimens de haute admiration et de reconnaissance sans bornes que tout français voue au père de la patrie et au héros du siècle, cette partie de son discours a été suivie des applaudissemens unanimes et prolongés de l'auditoire. ————

La séance a été levée au son d'une musique guerrière et M. le Préfet, MM. les membres du conseil de discipline MM. les professeurs et suppléans se sont transportés à l'hotel de l'école de droit pour y approuver et signer le procès-verbal de la séance.

Fait au dit hotel de l'école de droit de Coblenz, les jour, mois et an que dessus.

Signé : Lezay-Marnésia *Préfet*, Gattermann *doyen d'honneur Président du conseil de discipline et d'enseignement*, Le Plat *directeur de l'école*, Reichensperger, Michelet, Nell, Burret, D.

Korbach, *membres du conseil de discipline et d'enseignement*, Breuning, Lassaulx, Arnold, Gunther *Professeurs*, Schwartz,
Thrumb *suppléants*, Tippel *secrétaire-général.*

Pour copie conforme:

Le secrétaire-général de l'école de droit
T I P P E L.

ORATIO

Habita a Domino LE PLAT, *scholarum juris directore nec non romani juris professore.*

MUNERIS suscepti ratio, præcellens Domine hujus districtus Præfecte, eximie Domine Decane-honorarie, clarissimi mihique colendissimi DD. collegæ mei, cæterique auditores viri undequaque spectatissimi; muneris, inquam, suscepti ratio a me, utpote vocato ad publicam juris Romani cathedram in hac non ita pridem Decreto imperiali erecta schola Confluentina, exegit, ut ad vos solemni hac inaugurationis die verba faciam; cumque ea de re deliberanti nihil magis congruum, nihil magis opportunum occurrat, quam paucis agere de studiorum et celebriorum quarumdam scholarum fatis, de his quædam celeri, ut loqui mos est, cursu dicere institui : neque enim præscripti temporis angustiæ patiuntur, ut prolixiori oratione vos detineam.

Nemini, opinor, ignoti sunt præclari labores quos imperator Justinianus adhibuit pro restaurando studio juris Romani, quod ex tot voluminibus erat hauriendum, ut vix ingenuus quisquam huic oceano se committere auderet, et Eunapius, a Jacobo Gothofredo *in Prologomenis ad Codicem Theodosianum* Cap. 1. productus , non dubitaverit jurisprudentiam vocare *multorum camelorum onus.*

Justinianus itaque sua auctoritate compilari, et in justum ordinem redactum evulgari jussit notissimum librum , 'quem *Corpus juris civilis* vocamus, inter cujus partes primum ordine locum occupant quatuor *institutionum* libri, quos simul cum pandectis anno 533 edidit, eo potissimum fine , ut juvenes in tribus scholis, Romana, Constantinopolitana, et Berytensi, ex iis haurirent elementa juris.

Non dudum tamen , in Occidentali potissimum imperio, jurisprudentiæ civilis aliarumque elegantiorum litterarum studium floruit: cum enim jam tempore Justiniani variæ nationes barbaræ Romani imperii provincias plures invasissent, eas etiam variis in præliis profligatas certo modo cohibuisset Justinianus, attamen hæ gentes non interruptis invasionibus, provinciarum direptionibus et occupationibus, ita cuncta turbarunt, ut cum indomitis hominibus, ferocitate et ignorantia maxime inclytis , barbariem simul cum stupidissimis superstitionem undique redolentibus usibus obtruserint avulsis a jam pereunte Romano imperio provinciis.

In hoc rerum situ mirum non est , litterarum studia maximum passa esse detrimentum ; mirandum magis, quod variis in locis aliquo saltem modo, et in nonnullis pro eo tempore celebrioribus scholis, horum vestigia fuerint servata. Quid multis ? Notissimi sunt Caroli Magni conatus quibus scholas et bonarum artium studium in Occidente restaurare voluit

Luculentum hac de re testimonium habemus apud monachum

(9)

Engolismensem in vita ejusdem Caroli ad annum 787, et ejus rei fi-
dem faciunt Cabilonense Concilium *(a)* anno 813 habitum, et sextum
Parisiense anno 829 celebratum, dum *(b)* imperatori Ludovico pa-
ternam in instaurandis scholis operam his verbis proponit : „Simili-
» ter obnixe ac suppliciter vestræ Celsitudini suggerimus, *ut morem*
» *paternum* sequentes, saltem in tribus congruentissimis imperii ves-
» tri locis scholæ publicæ ex vestra auctoritate fiant, ut *labor patris*
» *vestri* et vester per incuriam, quod absit, labefactando non pe-
» reat. Quoniam ex hoc facto et magna utilitas, et honor sanctæ
» Dei ecclesiæ, et vobis magnum mercedis emolumentum, et me-
» moria sempiterna accrescet.«

Neque hoc loco prætereundum, quod ipse Carolus Magnus plu-
ra disciplinarum genera diligenter excoluerit; cujus rei locupletissi-
mum testem habemus Eginhardum in vita Caroli hæc scribentem :
» Artes liberales studiosissime coluit, earumque doctores plurimum
» veneratus magnis afficiebat honoribus. In discenda grammatica
» Petrum Pisanum diaconum senem audivit, in cæteris disciplinis Al-
» binum cognomento Alcuinum, item Diaconum de Britannia, Sax-
» onici generis hominem, undecumque virum præceptorem habuit.«
Eodem Eginhardo teste, beati Augustini libris delectabatur Carolus,
iis maxime, quos sanctus ille doctor de civitate Dei composuit ; ut
adeo nec sacras litteras, nec multiplicia veterum instituta ignorare
potuerit. Denique, ut idem Eginhardus tradit, etiam in condendis
corrigendisque legibus se exercuit, cujus rei præclara monumenta
adhuc extant in sic dictis *Capitularibus regum Francorum.*

(a) Conc. Cabil. Cap. 6.   *(b)* Conc. Paris. lib. III. Cap 12.

Eginhardo adjiciam Lupum, Ferrariensem abbatem, in episto-
la ad eundem prima hæc scribentem : » Vestra memoria per famosis-
» simum imperatorem Carolum, cui litteræ eo usque deferre debent
» ut aeternitati parent memoriam, cœptae revocari aliquantulum qui-
» dem extulere caput, satisque constitit veritate subnixum dictum :
» *Honos alit artes, et accenduntur omnes ad studia gloria.*«

Indubia quae attuli testimonia sufficiunt, opinor , ut quibus
in locis olim publicae aperiebantur scholae , Magnus imperii
Francici moderator, scientiarum et artium instaurator optimo jure
dici possit : virgam censoriam proinde merito acuit vir celeberrimus
Ioannes Launojus in eos, qui primum in vulgus spargere cœperunt,
exceptos fuisse a Carolo ex Hibernia et Anglia Bedae discipulos,
qui gratis docerent, et per Occidentis imperium Academias funda-
rent; inter quos fabulatores palmam dat Launojus monacho cuidam
Sangallensi, qui de gestis Caroli regis Francorum et imperatoris
libros ad Carolum crassum duos composuit, in quorum uno (c) hoc
variis aliis fabellis commixtum commentum, fingens Alcuinum , quon-
dam Caroli magni praeceptorem , Bedae auditorem fuisse ; cum certum sit, vix natum fuisse Alcuinum eo tempore quo Beda obiit ,
id est ad annum 731 ; Alcuinus enim , ut Floriacense chronicum,
Odorannus et alii tradunt, e vivis excessit anno 807; qui autem eo
anno obiit, nondum forte natus erat anno 731, vel, si natus erat,
certe praeceptorem habere non potuit hominem qui eodem anno
rebus humanis exemptus est.

(c) Cap. 1 , 2 et 3.

Monachi Sangallensis fabulas amplificat Vincentius Bellovacensis in sic dicto *Speculo historiali (d)*, cui addere licet *Memoriale historiarum Joannis Victorini*, canonici in coenobio S. Victoris prope Lutetiam, quos omnes, quasi Francigenis restauratorum studiorum gloriam inviderent, aptissime castigat jam laudatus Joannes Launojus, in praeclaro libro *de scholis celebrioribus, seu a Carolo Magno, seu post eundem Carolum per Occidentem instauratis* : quo in opere vir indefessus plures quam quinquaginta recenset scholas quas Carolus ejusque successores, eorumque exemplo varii in imperio Occidentali episcopi vel erexerunt vel instaurarunt.

Utcumque egregii hi conatus omni laude dignissimi sint, nec omni fructu caruerint, omnem tamen cum ferinis moribus barbariem cohibere non potuerunt: multumque abest ut dicere liceat inde restitutum fuisse suum elegantioribus litteris nitorem, aut jurisprudentiae Romanae pristinum decorem: adeo tenebrae operuerant terram, et caligo populos! Cuicumque conatui resistebat rudis omnino, ne feram dixerim, quae ubique dominatum tenebat, vivendi ratio; haec adeo omnia infecerat, ut et in ipsas aedes sacras cum ludicris quibusdam, superstitiosis, et vix ferendis ritibus festivitates quasdam, delirantium jocis dignissimas, invexerit: quae quidem tam altas egerant radices, ut frustraneo conatu eas abolere tentaverint plures in Gallia episcopi, censuris ecclesiasticis adversus induratos homines utentes; donec tandem, ad finem vergente seculo XVI supremi senatus auctoritate ludicrae hae et ex barbaris moribus natae observantiae fuerint suppressae.

(d) Lib. XXIII, alias XXIV.

Itaque post repertas in urbe Amalfitana, et brevi post Florentiam translatas Pandectas, docebatur Bononiae et Parisiis jus Romanum, exordio seculi VI, jussu Justiniani imperatoris collectum : terebantur manibus professorum et scholarium pretiosissima Papiniani, Juliani, Pauli, Ulpiani, Scaevolae et aliorum jurisconsultorum fragmenta in Pandectas relata et nobis servata ; qui tamen haec in fuis scholis praelegebant et juventuti exponere nitebantur, vix ea verbo tenus intelligebant; certe omni historiae Romanae, multoque magis antiquitatum notitia erant destituti, adeo ut mirandum non sit, si *glossas*, ut vocabant, ad horum textuum intelligentiam assequendam scribentes, deliria potius quam serias expositiones imperitis obtrusisse videantur.

Hi glossatores, inter quos eminent Irnerius, Accursius, Baldus, Bartolus aliique, scientiis necessariis prorsus destituti, vix ipsum Latinum sermonem callentes, nil aliud fere quam nugas per immensos suos labores orbi adhuc imperito obtrudere potuerunt. Hinc serio docuerunt : legem *Fusiam Caniniam* ab invidia *canum* nomen accepisse; *Falcidiam* legem a *Falce* sic dictam fuisse, eo quod, ex legatis ultra modum relictis, heredi tribuat jus detrahendi, seu, ut ipsis visum, *defalcandi* quartam partem.

Agmen imperitorum interpretum crevit statim post medium seculi XII, postquam primum in academia Bononiensi, brevi post Parisiis et alibi, publice praelecta fuit farrago Canonum et Decretorum a Gratiano Monacho absque ullo delectu compilata ; multoque majus incrementum accepit, postquam circa medium seculi XIII sub auspiciis Gregorii IX, opera Raymundi de Pennafort tamquam nervus et medulla legum Ecclesiasticarum publicati fuerunt quinque sic dictarum *Decretalium* constitutionum libri, statim a magistris glossatoribus summa cum aviditate excepti, absque ullo judicio, absque ulla crisi adeo *Glossati*, ut merito dubites an hoc genus magistrorum interpretes agentium , sanum in corpore sano haberet cerebrum. Exemplum si quaeras, accipe ex glossa ad *cap.* 6 *Decretalium de majoritate et obedientia*, ubi glossator, ex instituta comparatione auctoritatis pontificalis cum sole, et potestatis imperialis cum luna, concludit; papam ad imperatorem se habere ut sexaginta quatuor ad unum, seu papam sexagesies quater majorem esse imperatore.

Tandem, postquam circa medium seculi XV per Turcarum invasionem Græci litterati patria sua pulsi in Italia ope illustris Mediceae domus benigne accepti sedem stabilem figentes Graecarum litterarum studia illic restaurarunt, pluresque ex eorum discipulis sub auspiciis Ludovici XI Galliarum regis novam patriam et honorificas illic mansiones reperissent, paulatim dispelli coeptae sunt quae et academias et scholas in Occidente obscurarant nebulae; e tenebris emersit linguae Graecae et elegantioris litteraturae studium, et adeo felici successu illustratae tam Graecae quam Romanae antiquitates, ut sibilis fere exciperentur, cachinnis certe dignissimi haberentur, quicumque harum rerum imperiti, qui *Magistros* se dici volebant, et sub specioso eruditorum pallio somnia, vel potius *Adynata* discipulis instillare adhuc tentabant.

Hoc modo per Italiam primum, potissimum vero per inclytam Galliam dispulsae fuerunt Accursianae, Bartolinae, Baldinae aliorumque tenebrionum spissae nubes; recruduit adeo jurisprudentiae

Romanae studium, ut fertilissimum fuerit seculum XVI in producendis egregiis jurisconsultis; quorum quosdam non immerito comparaveris cum iis, qui imperante Augusto Romae floruerunt.

Gallia certe eo seculo protulit Alciatum, Carolum Molinaeum, Hugonem Donellum, immortalem etiam et nunquam satis laudatum Jacobum Cujacium, aliosque summos viros; vix integrum volumen sufficeret si recensere velim jurisconsultos illustres quos Italia, Hispania, Belgium, Germania etc. seculis XVI, XVII, et XVIII dederunt; adeo hoc studium per totam Europam radios suos diffundens, integerrimos et clarissimos ubique tulit fructus.

Dolendum quidem, certo modo tam in Gallia quam in Germania neglectum fuisse Latini sermonis usum, varios etiam credidisse, sermone patrio tradi posse jurisprudentiam, ad eam sufficere legum patriarum notitiam: ast viris litteratioribus semper persuasum fuit, omnis jurisprudentiae basim et fulcrum esse Romanam, hanc re ipsa esse *Rationem scriptam* ex fragmentis, quae labor Justinianaeus nobis conservavit, hauriendam: ad eam collimare et provocare infinitas patriae nostrae leges. Quid multis? Veritatem hanc abunde probat et demonstrat recentior juris civilis codex.

Haec cum verissima sint, vix est ut quisquam Latini sermonis ignarus penetralia jurisprudentiae adire, et egregia antiquorum jurisconsultorum responsa in pandectis nobis oblata recte intelligere possit, multoque minus genuinae significationis nervum detegere.

Ut alios praestantissimos viros praeteream, intellexit id in orbe litterato notissimus D. *Pothier*, jurisconsultus Gallus; qui cum variis sermone patrio exaratis libris jurisprudentiam Romanam et Gallicam illustrare conatus esset, tandem egregium et praeclarum opus edidit, cui titulum fecit : *Pandectae Florentinae justum in ordinem redactae*, eo fine, ut jurium studiosi Latino sermone instructi, non ex rivulis, sed ipsis ex fontibus puram et nullis sordibus infectam haurirent jurisprudentiam.

Substitit, eo quo narrare conatus sum modo, in Gallia juris Romani studium usque ad finem seculi XVIII. Ast, quod lugens recordor, civici primum motus, bella dein undique orta, succedens porro sub speciosa *libertatis* proclamatione horrenda anarchia, quae rabido dente omnia comminuebat et terribili pede conterebat; fieri non potuit, quin cujusvis litteraturae studia undique concuterentur, et eum quidem in modum, sanguine foedata capita erexerat hoc monstrum, ut jacere et interiisse videretur jurisprudentia, spretum ubique et irrisum esset juris Romani studium. Ut paucis dicam, parum aberat quin noni et sequentium seculorum ignorantia cum sermonis et morum barbarie cristas denuo erigeret.

Ast ecce tantis motibus concussa Gallia, inopinato BONAM sibi PARTEM elegit, nostri temporis Heroem, expeditionibus, praeliis et victoriis notissimum : qui ad consulatum primarium, dein ad imperium Gallicum evectus, solemni ritu a summo pontifice Pio VII in primaria Gallicani imperii urbe inauguratus est.

Tantus ille vir, post dilatos prospero Marte imperii fines, devictis qui irruerant hostibus et cum variis vicinis gentibus foedere inito, in toga non minus quam in sago praecellere volens, sensit non armis tantum, sed et legibus muniendam esse Rempublicam; quod legislatorium munus impleturus, confici curavit juris civilis Gallici codicem , quem nomine ejus inscripsit publica gratitudo.

Qui attente legerit et ruminaverit hunc codicem , mecum fatebitur , infinita in eo reperiri ex jure Romano hausta capita; quin et mirabitur, adeo sagaces fuisse codicis redactores , ut præclari hujus juris succum et sanguinem in rem suam verterint.

Ast cum inutiles , quin et noxiæ sint leges nisi recte intelligantur et ad casus occurrentes applicentur, sensit imperator Augustus, scholis et professoribus opus esse , quo legum notitia cum juris elementis instilletur iis , qui ad munia civilia et causas in foro agendas se parant; simul sensit, quam necessarium sit pro fine hoc assequendo juris Romani studium.

Itaque cum ubique fere prostratae jacerent juridicae scholae , novas erigi jussit, in quibus, rejectis inanibus subtilitatibus, Romana jurisprudentia, dein aliae tam publici quam privati juris partes exponerentur.

Novas inter scholas est haec Confluentina, in qua potentissimus imperii moderator me juris Romani professorem , et brevi post, Directorem esse jussit : et utcumque jam ætate provectior muneris mihi impositi gravitatem sentiam, attamen cum a teneris et juvenilibus annis hanc scientiam coluerim, eam etiam in celeberrima olim Lovaniensi academia publice docuerim , est quod sperem, huic oneri ferundo humeros meos adhuc suffecturos : hoc certum , omnem me conatum adhibiturum , ut egregio quod suscepi muneri satisfaciam et cupida legum juventus rite instruatur.

Faxit Deus Optimus Maximus, ut his meis votis satisfiat; curent discentes adferre ad meos conatus eamdem diligentiam quam ego polliceor. Tunc in spem illam pulcherrimam ingredi licebit, fore ut fructum uberrimum et patriae et sibi capiant auditores; tunc post dignas Deo peractas gratias, grati animi debitum et Patriæ et invicto ejus Moderatori exsolventes, alta voce clamabunt:

Vivat invictus imperator NAPOLÉON.

DISCOURS

de M. BREUNING, *Professeur de la première chaire
du Droit français.*

L'ASSEMBLÉE nombreuse et distinguée réunie dans cette enceinte
pour assister à l'ouverture des cours de l'école de droit établie à
Coblenz, indique le but de la solemnité de ce jour et lui prête un
nouvel éclat. Cette réunion de tant de Magistrats et de fonctionnaires fait sentir aux membres de l'école combien est honorable la
carrière qu'ils vont parcourir. J'ose le dire au nom de mes Colle-
gues, il n'y a aucun d'entre nous qui, dans ce moment, ne soit ani-
mé du vif sentiment de ses devoirs, qui ne réflechisse sur l'importance
des fonctions qui lui sont confiées et qui ne se réprésente les diffi-
cultés qu'il devra surmonter, pour que le but de cet établissement
soit atteint et que l'enseignement reçoive la perfection nécessaire
pour former des jurisconsultes qui puissent honorer un jour la
Magistrature et le barreau.

Ceux qui ne connaissent pas la vaste étendue de la jurisprudence
se persuadent qu'il soit facile d'approfondir cette science ; mais
qu'ils s'arrètent un instant pour la mesurer des yeux et ils sentiront

combien il leur reste à faire ; ils sentiront combien la valeur des connaissances déja acquises diminue à mesure qu'elles viennent à s'étendre et en raison de ce qui reste encore à acquérir. *» Scire le-»ges«* dit le Jurisconsulte romain dans la loi 10. ff. de Legib. « *non est earum verba tenere sed vim et facultatem.* C'est ainsi qu'on peut tenir par cœur le texte de tout un Code, qu'on peut savoir réciter à la lettre des loix entières, sans être pour cela plus Jurisconsulte que celui qui n'en connait pas une syllabe. Si d'ailleurs il est utile de bien connaitre le texte des loix, il l'est encore davantage d'en savoir saisir l'esprit, les rapports et les connexions, et de savoir concilier et appliquer des dispositions qui paraissent contradictoires au premier coup d'oeil. En général, les principes élémentaires renfermés dans le texte doivent suffire au jurisconsulte pour s'en former un système complet de legislation qui s'étende même sur les cas non prévus et dont les conséquences puissent s'appliquer à chaque espèce qui se présente. *» Non possunt «* dit la loi 15. ff. de Legib. *» omnes »articuli sigillatim legibus aut senatusconsultis comprehendi, sed, »cum in aliqua causa sententia earum manifesta est, is qui jurisdic-»tioni praeest, ad similia procedere atque ita jus reddere debet.«* C'est cette facilité qui est la qualité la plus précieuse du Jurisconsulte. Possédée à un dégré supérieur par les Jurisconsultes romains, ce fut elle qui les a mis en état de construire, sur les peu de lignes que contenait la loi des douze tables, un édifice qui fait encore aujourd'hui, après tant de siècles d'une civilisation continue, l'admiration de toutes les nations policées.

Une mémoire heureuse aussi donne de grands avantages au legiste qui la possède, pourvu qu'elle ne le fasse tomber dans cette erreur dont parle et que réprouve la loi 24 ff. de regul. juris, où il est dit: *« incivile est nisi tota lege perspecta una aliqua ejus propo- » sita particula judicare vel respondere.* « Car la mémoire la plus fidèle se doit perdre dans la multiplicité des dispositions législatives, dont l'une ou l'autre lui échappe lorsqu'il s'agit d'en faire l'application à des cas particuliers. Ce n'est qu'une théorie saine et systématique qui puisse servir de guide dans le labyrinthe artificiel de la legislation positive, et ce n'est qu'au moyen d'une instruction solide que la jeunesse peut espèrer de se distinguer dans une carrière qui est aussi difficile qu'elle est utile et honorable.

Il est vrai que cette instruction ne suffit pas toujours à elle seule et qu'il faut aussi des dispositions naturelles pour parvenir, dans la science du Droit et dans sa pratique, à un certain dégré de perfection. De quelle importance ne sont pas un jugement sain, une conception facile, une mémoire heureuse, la faculté de savoir exprimer ce qu'on pense avec clarté et precision, et le talent de donner au discours les formes simples et nobles de l'eloquence ? Ciceron dit de l'orateur (*) *« illud vero quod a te dictum est, esse permulta, qua orator nisi a » natura haberet, non multum a magistratu adjuvaretur valde tibi » assentior.* « Et si aux qualités de l'esprit viennent se joindre celles du coeur, l'amour de la justice, des principes purs de morale, accompagnés de la ferme résolution de ne s'en jamais départir, le modèle du jurisconsulte digne de ce nom est accompli.

_____

(*) Lib. I. de Oratore.

Là où les talens qu'on apporte en naissant manquent , l'assiduité dans le travail et une application non - interrompue à l'étude peuvent suppléer en partie à la défectuosité originaire de ces dispositions que la nature semble refuser aux uns pour les prodiguer aux autres. Ce ne fut pas Démosthène seul qui ait sçû et dû vaincre les entraves naturelles qui s'opposoient à ses progrès dans l'art oratoire. Plus d'un jurisconsulte n'est parvenu à la célébrité, qu'après avoir surmonté les plus grands obstacles et avoir fait ces efforts dont parle Virgile lorsqu'il dit: » *Labor improbus omnia vincit.* «

Mais aucun travail , aucune assiduité , les études même les plus longues, ne sauront jamais donner les sentimens que la première éducation a négligée d'inspirer. Quintilien exige comme une des premières qualités d'un orateur qu'il soit » *vir bonus* « et nul doute, que cette qualité soit non seulement l'ornement le plus précieux d'un jurisconsulte, mais qu'elle soit encore pour lui de la première nécessité. Celui auquel l'opinion publique donne le titre de *vir bonus* à déja beaucoup gagné pour l'exercice de ses fonctions. S'il siège dans un tribunal le sceau de l'impartialité la plus sévère est déjà d'avance imprimé à ses jugemens, et si ceux-ci peuvent être reformés ses intentions ne seront jamais attaquées. S'il professe l'état d'avocat, la moralité de celui qui parle devant les juges devient déja favorable à la cause qu'il défend. Donne-t-il des conseils dans son cabinet, ses avis, faits pour tranquilliser le client , fixeront presque toujours l'opinion des tribunaux.

C'est ce sentiment vif de ses devoirs et cette conviction intime de leur importance qui seules peuvent guider le magistrat dans ces situations critiques où le place souvent le conflit de l'équité naturelle avec les loix positives; qui seules l'éleveront dans l'exercice de ses fonctions au-dessus de toute crainte, et qui écarteront delui toute considération politique, vis-à-vis de laquelle on voudroit chercher à le placer, pour influencer son opinion. Le même sentiment empêchera aussi l'avocat de se servir de la chicane et de se charger pour un gain considérable de la défense de prétentions injustes. C'est aussi ce sentiment qui l'animera d'un zèle et d'une activité qui ne se mesureront point sur le plus ou le moins de valeur de l'objet de ses causes. Et c'est ce sentiment qui lui fera consacrer ses veilles et ses travaux à la défense de ceux qui ne peuvent lui offrir d'autre récompense, que la satisfaction d'avoir secouru des malheureux. Il répondra avec les mêmes soins et la même complaisance à l'homme riche qui se fait annoncer chez lui dans l'après midi et à l'homme pauvre qui frappe timidement à sa porte de grand matin et qui est dépeint dans ce vers d'Horace : *»sub galli cantum consultor ubi ostia »pulsat.«* L'amour de la justice qui découle de ce sentiment, animera dès lors et le juge et le défenseur et ce dernier ne perdra jamais de son souvenir la maxime que l'Empereur Théodose a consignée dans la loi 5. Cod. de Legib. où il dit : *»non est dubium com- »mittere in legem , qui verba legis amplexus contra legis nititur vo- »luntatem, nec poenas insertas legibus evitabit qui se contra juris »sententiam, saeva verborum praerogativa, excusat.«*

Mais si les dispositions heureuses données par la nature, les bonnes intentions et la meilleure volonté, sont d'une grande importance, elles ne suffisent cependant pas pour former le Jurisconsulte.

Il faut de l'étude, il faut du travail, il faut surtout de l'instruction pour se distinguer dans cet état honorable de la société. Ceux qui, sans s'être préparés de cette manière, se lancent dans la vaste carrière du barreau n'y feront qu'une courte apparition et il leur arrivera ce que Cicéron dit de l'orateur : *« haec autem oratio, si res »non subest ab oratore percepta et cognita ; aut nulla sit necesse » est, aut omnium irrisione ludatur. Quid est enim tam furiosum quàm » verborum, vel optimorum vel ornatissimorum, sonitus inanis, nulla » subjecta sententia nec scientia ? «* Aussi avons nous vu ce phénomène plus d'une fois depuis l'époque où l'instruction cessa dans les anciennes facultés de Droit et où la discipline du barreau fut totalement détruite. Heureusement, que ces momens de trouble et de confusion sont passés et que le héros qui a remis l'association de la nation sur des bases solides, affermies tous les jours d'avantage par la sagesse et la victoire, a daigné porter aussi ses regards réparateurs sur cette partie des institutions sociales ; que la discipline du barreau est rétablie et que des écoles sont ouvertes à la jeunesse où elle peut se former à un état qui exerce une si grande influence sur le bonheur de la société.

Une expérience de douze ans a fait sentir dans toute sa force la nécessité du rétablissement des écoles publiques de jurisprudence. La nation française se trouve dans des relations sociales trop différentes de celles des Romains pour qu'on eut pu abandonner, comme chez ces derniers, aux soins de certains particuliers cette branche importante de l'instruction publique. Il est vrai que les plus belles périodes de la Jurisprudence romaine n'ont pas connu des écoles pu-

bliques de droit et que ce n'est que le troisième siècle de l'ère vul-
gaire qui les a vu naitre à Rome, Constantinople, et Béryte. Jus-
que là les jeunes gens qui se destinoient au barreau, fréquentoient
les cabinets des jurisconsultes les plus célèbres, assistoient aux con-
sultations verbales et aux plaidoieries, et, témoins de la force de l'é-
loquence, du poids des connaissances et de l'évidence des raisonne-
mens de leurs maitres, se voyoient entourés des motifs les plus puissans d'une noble émulation. Ce ne fut que de cette manière que
Tiberius Coruncanius, ses contemporains et successeurs, enseignoient
la jurisprudence. Car quoiqu'il soit dit de ce Jurisconsulte dans la
loi 2. §. 35. du digeste de origine juris *ante hunc enim ex omnibus
qui scientiam nacti sunt, publice professum neminem traditur. on
ne doit pas en inférer que Tiberius Coruncanius ait ouvert des écoles
publiques et que ses successeurs soient montés en chaire et ayent donné
des leçons régulières. Cicéron (*) nous fait connaitre que l'instruction en Jurisprudence ne sefaisoit que de la manière dont je viens de
parler et la continuation du §. 35. de la susdite loi 2. du digeste *de
origine juris*, donne les mêmes résultats, en ajoutant aux mots, qui
viennent d'être allégués, ce qui suit: *Caeteri autem ad hunc in la-
*tenti jus civile retinere cogitabant, solumque consultatoribus potius
quam discere volentibus se praestabant.

Cette instruction donnée par des particuliers pouvoit suffire du
temps de la république et sous le regne des premiers empereurs de
Rome, et pouvoit fournir un nombre de Jurisconsultes suffisant pour
soigner les intérêts de ceux qui avoient la jouissance entière du droit

____

(*) In Bruto C. 89. et in Oratore C. 42.

civil, auquel la grande majorité de la population de l'état ne partici-
poit point. Il faut encore observer, que ce fut l'intérêt des patriciens,
opposé à celui des plébéiens, qui servit le plus, tant à la formation
de la Jurisprudence civile, qu'à son application et son interprétation.
Cet intérêt, surtout celui des patriciens, qui furent longtems dans
la possession exclusive de l'exercice de la Jurisprudence, ne fut mé-
connu par aucun membre de cet ordre. Et même sous les premiers
Empereurs, lorsque le sénat devint législateur, (*) l'intérêt du prince
fut lié à celui des patriciens et les Empereurs n'eurent aucune raison de craindre que les principes de ceux qui enseignoient le droit
civil fussent contraires à leur système de gouvernement. Mais du
moment que le droit de cité fut communiqué à tous les habitans de
l'empire romain, du moment que le régime politique ne fut plus
d'accord avec l'intérêt de cet ordre, qui n'aguères étoit dans la possession exclusive de la science du droit, de ce moment nous voyons
s'établir des écoles de droit.

L'histoire de l'Europe moderne nous présente le même phénomène. Toutes les nations se composoient alors de l'ordre des nobles,
des bourgeois (habitans des villes) et des serfs qui furent successi-
vement affranchis. Les nobles eurent une législation particulière
basée sur l'intérêt de leur corps : chaque ville (Corporation de bour-
gois) eut ses propres statuts et les serfs furent régis par des réglemens émanés de la volonté du Seigneur auquel ils appartenoient.
Cette législation du premier ordre de l'état fondée sur le droit public, ces statuts basés sur les intérêts locaux des villes et ces régle-

---

(*) *Comitia de campo in curiam transtulit. Tacit. Annal. Lib. I. Cap. 15.*

mens des serfs puisés dans des relations présentes à la connaissance
de tous ceux qui y étoient assujetis, n'eurent pas besoin d'être
enseignés dans des écoles. L'usage journalier en fut le meilleur in-
terprète, et les pairs d'une cour féodale, les échevins d'une ville et
les baillifs d'une justice seigneuriale, furent plus en état de prononcer
sur les différens soumis à leur décision que le Jurisconsulte qui ve-
noit de quitter l'école de Bologne. - Mais du moment que le tiers
état eut occupé un rang plus distingué dans l'état, que le nombre des affranchis eut augmenté la classe des sujets intéressés au bien
de l'état, que la féodalité fut resserrée dans des limites plus étroites
et que la noblesse eut perdu de sa prépondérance dans la balance
des pouvoirs, nous voyons aussi ces anciennes coutumes, réglemens,
usages et statuts tomber en désuétude, leur application devenir plus
difficile, et le légiste formé par les praticiens ne pouvoir plus tenir
contre celui formé dans l'école.

La réception du droit romain, c'est-à-dire d'une législation
étrangère aux moeurs, usages, besoins et établissemens des nations
qui l'adoptèrent, rendit également nécessaire l'établissement des écoles publiques. Le Code romain redigé dans un idiôme étranger,
suppose des connaissances dans la langue, l'histoire et les antiquités
du peuple à qui nous le devons. Ces connaissances ne pouvant
être acquises que dans des écoles, on en vit s'établir en Italie et
bientôt après en France et en Allemagne.

Aujourd'hui que, par le bienfait d'un souverain qui surpasse
en grandeur tous les héros et législateurs dont l'histoire nous a conservé les noms, les Français jouissent d'une législation qui est la

même pour tout l'Empire et qui , conforme à ses besoins sociaux, correspond aux établissements politiques sur lesquels l'association civile de la nation est fondée, le jurisconsulte, il est vrai, n'a plus besoin, pour connaitre cette législation , d'étudier aussi les mœurs , usages et coutumes d'un peuple qui depuis lomgtems n'existe plus. Mais il ne s'en suit pas delà que les écoles publiques de droit soient dorénavant inutiles. Tout Français jouit aujourd'hui des droits civils , il n'y a plus en France ni esclaves ni serfs. Le territoire de l'Empire n'est pas le patrimoine exclusif d'un seul ordre de la société, il est distribué entre un très grand nombre de familles. Les intérêts à demêler se sont multipliés à mesure que les fortunes se sont divisées et il n'y a pas aujourd'hui un habitant de l'Empire qui ne se trouve souvent dans la nécessité de recourir aux conseils d'un jurisconsulte. De là est resultée la nécessité de distribuer sur toute la surface de l'Empire des tribunaux et des compagnies de jurisconsultes prêts à aider leurs concitoyens de leurs lumières et connaissances. De combien dès lors l'instruction particulière ne serait elle pas insuffisante pour former le nombre de légistes nécessaire à ces fins ? Elle qui d'ailleurs ne présenterait au public aucune garantie réelle de la capacité de ceux qui s'en chargeroient, elle que le Gouvernement ne pourroit ni diriger ni surveiller.

En commençant la nouvelle carrière à laquelle Sa Majesté l'Empereur et Roi nous a appelés, nous devons nous persuader que les soins que nous nous efforcerons de porter à l'enseignement du droit tendront à satisfaire un besoin pressant de nos concitoyens. Il nous est confié de former des magistrats et de préparer des conseils et des défenseurs à ceux qui sont menacés, ou de perdre leur patrimoine, ou de succomber à des accusations injustes. Ces devoirs si importans doivent nous offrir de puissans motifs pour accomplir les obligations que nos fonctions nous imposent avec ce zèle qui surmonte tous les obstacles et qui a été éveillé par la confiance dont notre auguste souverain nous honore. L'organisation de notre école de droit, pareille à celles établies dans les autres parties de la France, est telle qu'elle favorise et aide sous tous les rapports l'instruction de la jeunesse. Et quoique le plan d'enseignement diffère essentiellement de ce qui est établi chez nos voisins, et que cette différence paroisse avoir fait naitre chez beaucoup de personnes une opinion défavorable, qui s'explique par la position géographique des provinces frontières du Rhin n'aguères encore associées à l'Allemagne, et par le grand nombre d'habitudes qui ont dû s'y conserver, rien n'est plus aisé que de démontrer que ce plan est des plus sagement conçus.

On ne peut juger de la bonté d'un établissement qu'en examinant s'il suffit aux besoins de la société et s'il répond entièrement à son but. Ici on verra bientot la raison de la différence qui existe entre nos écoles de droit et les établissemens étrangers. L'organisation des facultés de droit en Allemagne est le résultat de la lutte qui s'étoit élevée dans ce pays entre le droit romain et le droit coutumier. C'est la réception du droit romain et peut-être plus encore l'intention des papes de répandre l'autorité du droit canonique, qui occasionna le premier établissement des chaires du droit privé. Une fois reçu comme loi subsidiaire, le droit romain devoit nécessairement être enseigné publiquement, car cette publicité fut le seul moyen de faire connaitre et de répandre une législation étrangère qui, diamétralement opposée, dans toutes les dispositions qui concernent le droit civil proprément dit, aux usages et contumes de l'Europe moderne, attaqua jusques dans ses principes le droit originaire des peuples qui l'avoient adoptée. Longtems cette lutte fut conduite à l'avantage du droit romain. Les légistes l'emportoient par une grande supériorité de connaissances sur les praticiens et leurs réclamations les plus justes; et si l'on ne parvint pas à détruire entièrement les coutumes et usages primitifs, du moins les principes du Code étranger y apportèrent de grandes modifications. L'union des enfans de différents lits (*unio prolium*) ne parut au légiste qu'une imitation de l'adoption. Le serf de ces tems là fut pour lui l'esclave des romains. Il qualifia d'emphythéose romaine le bail à cens et à rente, soit féodal ou non, et voua à toute son aversion les institutions contractuelles.

Alors les facultés de droit n'étoient composées que de deux ou trois professeurs qui enseignoient le droit romain et ce nombre paroissait suffisant pour l'explication d'un seul Code. Mais avec le tems on commenca a réconnaître l'erreur dans laquelle on étoit tombé. L'opposition des praticiens, qui d'abord pouvoit à peine se maintenir dans les tribunaux, vint à se rélever et fut soutenue par l'intérêt de la noblesse et des maisons souveraines qui, ayant conservé par des contrats et stipulations les anciens usages propres à leur ordre, avoient de cette manière exclu le droit romain de toute influence sur leurs affaires. On dut donc révenir à l'étude du droit coutumier et y joindre celle des législations propres aux différents ordres, classes et corporations dont la nation se composoit. C'est à ces fins que de nouvelles chaires furent établies dans les universités d'Allemagne et que l'enseignement, loin de se borner à un seul Code, comprit désormais le droit public et privé d'Allemagne, le droit féodal, le droit ecclésiastique (*jus ecclesiasticum publicum*) et toutes les sciences auxiliaires qui servent à examiner et approfondir des législations fondées uniquement sur l'usage. Si donc nous voyons les facultés juridiques de l'Allemagne se composer d'un si grand nombre de chaires, nous devons en chercher la raison dans les rapports politiques et particuliers du pays, tout différens de ceux de la France et nous convaincre que, pour être d'une utilité réelle, nos écoles de droit devoient recevoir une organisation toute différente.

Cette lutte qui existe en Allemagne entre le droit romain et le droit coutumier a cessé en France, même dans les provinces qui dans le temps passé faisoient encore partie du corps germanique. Une seule et même législation civile, fondée sur une loi écrite dont le texte est connu de tout le monde, régit aujourd'hui tout l'Empire français; la division multipliée des personnes et des classes qui charge la Jurisprudence de nos voisins n'existe plus chez nous. Dés lors point de nécessité d'établir ce grand nombre de chaires qui existent en Allemagne, le nombre des professeurs fixé par la loi organique des écoles de droit suffit pour présenter une instruction complette et pour former des sujets qui se distingueront dans la magistrature et le barreau. A quoi serviroit dorénavant chez nous l'enseignement du droit féodal, celui du droit propre à la haute noblesse (*jus privatum principum*) et celui du droit public d'une nation qui n'existe plus comme telle et dont le Français ne fait pas partie ? Ajoutons encore que l'influence du droit ecclésiastique et canonique sur les institutions civiles a cessé et que d'ailleurs les programmes des cours des universités d'Allemagne annoncent toujours un grand nombre de leçons qui ne sont jamais données, et nous prouverons jusqu'à l'évidence combien grande est l'erreur de ceux qui, sur la comparaison des écoles de droit françaises avec les universités d'Allemagne, voudroient critiquer ces premières et censurer le plan d'enseignement que la loi leur prescrit.

Il est vrai que ceux qui veulent joindre au titre de Jurisconsulte celui de savant, ceux qui désirent se rendre capables d'enseigner comme professeurs doivent suivre dans leurs études un plan plus étendu. Pour atteindre ce but, ils approfondiront l'ensemble des législations anciennes, ils examineront quelles étoient autrefois les ré-lations de l'église avec l'état, ils étudieront l'histoire et l'ancien droit public des nations qui composent aujourd'hui l'Empire français. Mais si ces études sont nécessaires à celui qui aspire aux premiers degrés de l'érudition, il ne s'en suit pas que le cadre de l'enseigne-ment des écoles de droit doive les embrasser aussi. Ces établisse-ments n'en sont pas moins propres à former de bons jurisconsultes, des avocats instruits et des magistrats éclairés. Si les universités d'Allemagne suivent une marche différente, c'est parceque, formant en même temps, des espèces de tribunaux, elles exercent, et ont exercé de tout temps l'influence la plus importante sur la législation du pays. En France, où le système de législation est fixé et dirigé par le Gouvernement, la tâche des écoles de droit se reduit à l'enseignement de la jurisprudence et à l'explication des loix.

L'axiome du philosophe Cébès : *que la multiplicité des connaissances n'instruit pas*, est d'ailleurs trop applicable aux jeunes élèves qui commencent à étudier le droit, pour qu'il ne soit intéressant de le leur rappeler ici. Rien de plus dangereux que d'embarasser l'esprit du commençant d'une trop vaste érudition, qui surcharge sa mémoire, et l'empêche de penser. Poser et démontrer les principes généraux, les affermir dans l'esprit de l'élève, l'exercer dans l'art d'étudier la loi *(ars juris)*, tels sont les premiers devoirs du professeur, et c'est en suivant cette marche méthodique, qu'il formera des sujets bien plus distingués, que celui qui voudroit leur faire connaitre à la fois toutes les matières des anciennes et nouvelles législations. Je suis loin de dire pour cela, que des connaissances plus profondes soient inutiles au praticien, mais je crois, qu'il vaut bien mieux se borner dans l'enseignement aux études les plus nécessaires, l'expérience ayant prouvé, que la plûpart de ceux qui se destinent au barreau et à la magistrature, ne peuvent pas consacrer assez de temps à ces études, pour que cette érudition, qui embrasse l'immense étendue de la science des loix, leur puisse devenir d'une bien grande utilité.

Que ceux qui prétendent, qu'un seul professeur du droit romain ne suffit pas dans nos écoles, songent que cette législation, à la vérité vaste et compliquée, n'a plus force de loi en France, et qu'elle n'y existe même plus comme droit subsidiaire. Aujourd'hui l'enseignement du droit romain n'a d'autre but que de conserver la connaissance de la législation la plus parfaite qui ait jamais existée, pour en indiquer la marche, pour en faciliter l'intelligence, et pour faire prendre aux élèves l'habitude d'une méthode systématique. En désirant l'établissement d'une séconde chaire pour le droit romain, parceque cette loi exercera encore pendant longtems une grande influence sur toutes les affaires d'une origine antérieure à son abolition, il faudroit aussi, par une raison pareille, vouloir, que les matières les plus importantes des autres législations abrogées fussent publiquement professées. Mais l'organisation de nos écoles de droit n'a point dû se régler sur des besoins passagers ; elle a dû prendre pour base les besoins continuels de la société : *Quod raro fit non observant legislatores, sed quod fit plerumque respiciunt et medentur* ; dit la novelle 94. au chap. 2.

Une chose qu'on pourroit peut-être envier aux universités étrangères, c'est la réunion des différentes facultés en un seul corps et dans la même ville; réunion par laquelle il devient possible de mettre le plus grand ensemble dans l'enseignement, et d'y faire entrer toutes les sciences. C'est ainsi qu'aux universités d'Allemagne l'étudiant en droit peut, en même temps, suivre des leçons sur beaucoup d'autres matières dont la connaissance pourra lui devenir très utile, telles que : l'histoire et les antiquités du droit, l'économie publique les sciences philosophiques etc. et cette instruction, réunie comme auxiliaire à l'instruction principale dans la jurisprudence, contribuera sans doute à fortifier l'esprit, à lui donner plus d'étendue, et à former le gout et le jugement. Mais observons, que cette instruction auxiliaire doit précéder ou suivre les études en droit, afin que l'élève ne soit pas distrait par des occupations trop hétérogènes ; observons de plus, qu'effectivement les élèves des universités étrangères suivent des cours sur d'autres sciences, ou avant de commencer leurs études en jurisprudence, ou après y avoir déjà consacré plusieurs années, et ajoutons qu'en France les élèves ne manquent pas d'occasions favorables, pour acquérir les mêmes connaissances ; et tout le monde restera convaincu, qu'il n'est pas rigoureusement nécessaire, que ces sciences auxiliaires soient concurremment enseignées avec la législation.   A Rome de même, les candidats en droit, avant d'entrer chez quelque célèbre Jurisconsulte, faisoient des études préparatoires à Athènes, Rhode, Mytilène ou Marseille, et il n'était pas rare de les voir, leur stage en jurisprudence fini, retourner dans ces villes, pour continuer à cultiver les lettres et les sciences.

Déjà il nous est d'ailleurs permis d'espérer les améliorations les plus importantes dans l'instruction publique.   La réunion des facultés en académies a été annoncée et cette partie intéressante des institutions sociales présentera sous peu des avantages et des résultats, bien supérieurs à ceux dont l'étranger pourroit jamais se vanter.   Le Héros qui consacre ses jours au bonheur de la grande nation, fait aussi du perfectionnement de l'instruction publique l'objet de toute sa sollicitude.   Que la pensée de commencer nôtre carrière sous son règne à jamais glorieux nous pénètre de cette confiance et de ce zèle qui sont les garans du succès !   Que ne devons nous espérer sous un prince qui semble être envoyé sur cette terre, pour arrêter le dépérissement des institutions sociales, et pour préparer et commencer de nouveaux siècles de prospérité ?   Toujours grand comme législateur , et comme guerrier , s'il a su , par les loix les plus sages, fonder, sur des bases inébranlables, le bonheur de son peuple , nous le voyons, armé de la foudre, terrasser et anéantir nos ennemis ; nous le voyons, ceint des lauriers d'AUSTERLIZ, en ceillir de plus glorieux encore sur les bords de la Saale ; nous le voyons détruire en sept jours une armée formidable par son nombre et par le prestige d'un grand nom, et planter ses aigles toujours victorieuses dans les capitales du grand Frédéric.

Et vous, jeunes élèves ! l'éspoir de la patrie; qui allez faire le premier pas vers l'état honorable que vous occuperez bientôt dans la société, ayez soin de profiter du bienfait d'un établissement créé uniquement en vôtre faveur ; sachez mettre à profit le temps précieux de votre jeunesse, pour mériter un jour la confiance de vos concitoyens, et songez que cette confiance et cette estime générale, dont vous serez environnés, formeront la plus belle récompense de vôtre assiduité et de vos efforts. Il n'est plus permis aujourd'hui à des Français, quelque soit la carrière qu'ils parcourent, de rester dans la médiocrité, et puisque le génie de nôtre auguste souverain surpasse toutes les bornes des forces humaines, ses sujets doivent tous savoir s'élever audessus de l'ordinaire , afin de se rendre tous dignes du bonheur de vivre sous le règne du GRAND NAPOLÉON.

ERRATA,

Page 26 ligne 5 au lieu de : *ballifs d'une justice seigneuriale*, lisez : *officiers d'une justice seigneuriale.*